Una verdad oculta
mientras soy preso de la
libertad

Juan Sebastián Concha

Una verdad oculta
mientras soy preso de la libertad

Autor:
Juan Sebastián Concha

Depósito Legal:
ISBN   978-958-46-9168-2
© Derechos Reservados
Julio de 2016

Diseño y Diagramación:
Darling Vanessa Medina Valencia

Impresión: Litocolor Impresores - Cali,
Colombia e-mail: litocolor@hotmail.com

La redacción, el estilo y el contenido de este libro es de exclusiva responsabilidad de su autor.
LitoColor actúa como impresor.

Una verdad oculta
mientras soy preso de la
libertad

Juan Sebastián Concha

Santiago de Cali, Julio 2016

BIOGRAFÍA

Juan Sebastián Concha nació el 5 de febrero del año 1993, en la ciudad de Santiago de Cali, Colombia. Es el segundo mayor de los cuatro hermanos. En el trascurso de su vida es un joven apasionado por el arte y la salud. De niño soñaba con aparecer en las pantallas de los televisores, por lo que dentro de sus proyectos estaba el de estudiar actuación en la capital de su país (Bogotá, D.C.), en una de las principales academias pero no contaba con el apoyo de sus padres. Y como ellos quieren ver a su hijo graduado de una carrera profesional y que lleven en su cabeza puesto el birrete, Sebastián al ver que no contaba con el apoyo de sus padres inició su labor de empleado en un laboratorio de medicina, a finales de octubre del año 2011, siempre con el sueño de que algún día estaría en la pantalla grande. Su motivación era terminar y ahorrar para iniciar una vida llena de arte en una nueva ciudad, contando con el apoyo de uno de sus amigos.

Al mes de haber iniciado en su nuevo trabajo pasa algo inesperado: su salud se empieza a ver algo afectada. A pesar de padecer algunos síntomas Sebastián hace caso omiso, pensando que era solo cansancio por su empleo, pero se trataba de algo más que un simple cansancio. A mediados de noviembre, a las 12:00 del mediodía Juan Sebastián, sufre de ataques convulsivos hasta el punto de quedar inconsciente durante seis horas, al despertar observa que en sus pies se encuentra su tía María Elena entre lágrimas que recorren por sus mejillas, mientras en un puñal con fuerza apretaba una camándula. Su tía Nena como la llama Sebastián, en el momento en que se dio cuenta que abre los ojos va en busca de inmediato por el doctor para evaluar su estado de conciencia, aunque el al despertar era como un niño en medio de una ciudad grande sin sus padres, no recordaba de lo que le había pasado y menos entendía el por qué estaba conectado a un oxígeno lleno de cables y medicamentos.

Dentro de su inquietud pregunta por sus padres que se encontraban en la entrada de la clínica devastados de ver a su hijo en ese estado.

Sebastián padecía de Anemia crónica, un bajón fuerte de hemoglobina en tan corto tiempo, los médicos inician su respectivo tratamiento pero a los meses no ven mejoría, deciden mandar exámenes de pie a cabeza, para febrero del 2012 entregan los resultados y se encuentran con la noticia de que tiene un problema grave de insuficiencia renal llamada hidronefrosis bilateral y era algo que se debía tratar al instante porque corría el riesgo en terminar en diálisis. Sebastián ante sus padres actuaba como si no le afectara una sonrisa de oreja a oreja, para él era suficiente ver la cara de preocupación de sus padres, entonces para él sonreír era como darles fortaleza a su madre y a su padre, pero por dentro tenía tantos sentimientos reprimidos porque veía que sus sueños se retrasaban cada vez más.

El tiempo pasaba mientras le hacían exámenes uno tras otro, pasaron 5 meses, ya se sentía algo agobiado y aburrido de estar en casa sin estudiar y sin poder trabajar, sus padres le decían que mirara hacia otro lado, una carrera diferente que le llamara la atención y que después de tener mi título podría trabajar, defender por su propia cuenta y tenía la posibilidad de pagar su carrera que tanto anhelaba. Sebastián termina aceptando el apoyo que le brindaron en ese momento sus padres. Le llamaba mucho la atención la carrera de Medicina pero era consciente de que su familia a pesar de tenerlo todo y que su familia era de buena posición económica, sabía que sus padres no tenían el suficiente dinero como para pagarle una carrera de tantos millones, y se decidió más por una carrera administrativa y extranjera, se inscribió al programa de Comercio Exterior.

Inicia su carrera administrativa dejando como Plan B que en algún momento estudiaría su carrera como actor, pero nuevamente sus sueños son frenados por su salud llega el día de su operación el 7 de diciembre del 2012, llega a la clínica a las 11:00 de la mañana para ser llamado y estar preparado ante su cirugía, lo llaman a la 01:00 del mediodía, para prepararlo y ya ser remitido al quirófano pero las enfermeras encuentran a Sebastián con los signos vitales alterados y uno de los que más le preocupaban era la presión arterial que estaba por encima de lo normal, los médicos deciden aplazar la cirugía para el 12 de diciembre a la misma hora. Transcurrieron los días como un abrir cerrar de ojos, Sebastián entra a quirófano listo para su operación después de estar un día antes de su cirugía hospitalizado para tener control de su presión y evitar aplazar más su cirugía.

Lo operaron a las 02:00 de la tarde y salió de quirófano a las 4 horas después, ya después del tratamiento quirúrgico que obtuvo Juan Sebastián, su salud dependía de sus propios cuidados, al recuperarse siguió estudiando pero ya no sentía la misma motivación que al principio, en el quinto semestre de Comercio Exterior decide abandonar la carrera porque no se encontraba identificado con ella, pero a los dos meses decide irse por la rama de la salud y dejarse llevar por cierto interés que tenía hacia el mundo de la Medicina y hoy en día no se arrepiente de que por primera vez dejó sus miedos a un lado por estudiar algo que le apasionara verdaderamente algo que no tratara de obras de teatros o musicales, el sueño que algún día lo vio primordial a medida del tiempo se convirtió en un hobby que algún día quisiera realizar.

PRÓLOGO

Mi libro se basa en una historia real de cómo ha sido mi relación con mi padre que en el transcurso de los años padece una enfermedad terminal, relatando toda experiencia que marcó en mi vida desde cuando era niño hasta el día de hoy que soy mayor de edad.

En cada capítulo termina con un poema, el único medio de consolación era por medio de un escrito que terminara con versos y ritmos; es un desnudo de mi vida que será expuesta ante un libro. Problemas familiares, religión, embarazos a temprana edad, abortos, sexualidad y enfermedades es la temática de mi libro ya que muchos de los jóvenes pasamos por causa de rebeldía y mentiras. En el momento menos pensado acciones y sentimientos harán que mi vida de joven caprichoso cambie en adversidades.

El título de mi obra es: **UNA VERDAD OCULTA MIENTRAS SOY PRESO DE LA LIBERTAD**. Lo llamé así, porque normalmente los jóvenes vivimos en un mundo de mentiras, por miedos a que nos juzguen, nos castiguen y nos reprochen nuestros actos, por lo cual decidimos vivir en el silencio del miedo.

Pero en la historia serán exhibidas mentiras y verdades que fueron ocultas y que a medida del tiempo me convertí en un preso de mi propia libertad, porque en mí no había tranquilidad y no podía ser la persona quien soy realmente; es decir, llevaba una vida de doble cara.

CAPÍTULO I

Es 23 de agosto del 2015, me encuentro sentado en la sala de mi casa mirando hacia al parque observando cómo los árboles y palmas son movidos de lado a lado por el viento de la tarde, hay niños jugando como si fueran los exploradores, a veces me hubiera gustado haberme quedado como niño para toda la vida, en donde el mayor problema de un niño es no encontrar su juguete preferido y en el peor de los casos de darlo desaparecido su juguete preferido es reemplazado por otro, quisiera que mis problemas fueran como aquel juguete que si no logro solucionarlo, lo reemplazo por otro, mis problemas se trataba de algo más grande e irremplazable no había manera de hacerlo. Mi padre, es aquella pieza preferida que completaba mi vida aunque él no lo supiera porque mi actitud de reverente y orgulloso mostrando frialdad ante lo que estaba pasando, aparentando como si no me afectara nada, sin embargo por dentro mi alma gritaba desesperadamente, no era la actitud correcta pero era la manera de no sentirme afligido ante los problemas.

No sabía cuánto tiempo duraría callando mi verdad, conviviendo con mi propio llanto en un silencio pero por dentro era una tormenta que desequilibraba mi tranquilidad, era como tener una paloma encerrada y que le cortaran las alas para que no volara, en eso se había convertido mi vida por no expresar lo que sentía, una verdad oculta que mis sentimientos fueron presos de la libertad.

Mi padre quien se llama Rodrigo Concha Sandoval, desde el año 2001 empezó su lucha contra su enfermedad, han sido 12 años de batalla en la cual no se ha dado por vencer tan fácil, a mediados del 2001 mi padre empieza a padecer graves dolores y síntomas; manifestaba dolor de espalda y caderas, sentía dificultad para orinar, mi padre a los 49 años padece de estos síntomas, nadie sabía nada por lo que estaba pasando, era su único dolor, era su única batalla, era preso de su enfermedad.

Pasó el tiempo hasta que no pudo ocultarlo más, después de exámenes médicos es diagnosticado CA de próstata avanzado, tumor maligno que en el momento de ser detectado no podían operarlo porque al ser tocado el tumor corrían el riesgo de que el cáncer se le regara por todo el cuerpo, era como un nido de hormigas que al ser derrumbado salían como epidemia por todo lado; así mismo era el riesgo de mi padre, era como si tuviera ese nido dentro de él. El único tratamiento que podían darle era la quimioterapia, al principio mi madre, mis hermanos y yo nos invadía el miedo que en medio del tratamiento mi padre partiera hacia el cielo.

Justo en ese preciso momento nace la angustia en nuestra familia con temor a todo de lo que podía pasar, aun teniendo la fe en Dios de que él se iba a mejorar la esperanza era lo último que perdíamos en ese momento, tal vez nos hacíamos la idea de que solo era algo pasajero que mi padre se iba a reponer y que iba a salir adelante. Pero no fue así, a medida que pasaba el tiempo la enfermedad poco a poco se apoderaba más de él.

Las quimioterapias cada vez eran más fuertes, su pelo empezó a caer al igual que sus cejas y pestañas, la apariencia ya no era de una persona sana. Aun padeciendo dolores, mareos, mi padre era trabajador porque su única preocupación éramos nosotros, su familia; mi madre y sus hijos: Rodrigo Andrés, Juan Camilo, Lina María y yo, cuatro hermanos de diferentes personalidades y una perspectiva distinta de cada uno de cómo asimilar los problemas, Andrés de 29 años, quien estudió Ingeniería Mecatrónica, desde niño le gustó adquirir dinero por su propia voluntad ha sido como el más independiente de nosotros los hermanos, pero cuando se trataba de afrontar los problemas -en este caso la enfermedad de mi padre- su actitud ante eso fue tan remota, tal vez su lejanía era una forma de no sentirse afectado. Juan Camilo de 14 años, de los hermanos es el más deportista, su proceso de afrontar la realidad de lo sucedido, le ha sido difícil de llevar la enfermedad de mi padre ya que en el momento en que fue diagnosticado el CA de próstata, Camilo apenas tenía 2 años de edad, de niño era el más apegado a mi padre, lo abrazaba, le hacía masajes y se reía con él, al crecer este tipo de cosas que le agradaban a mi padre fueron cambiando, su conducta de tierno y amoroso pasó a ser frío y distanciado, a decir verdad no lo juzgaba porque en cierta parte me identificaba con él. Mi hermana Lina María de 20 años de edad, la única mujer, mi padre la llamaba la princesa de la casa porque la reina era su esposa, es decir mi madre, me atrevería a afirmar que ha sido la única en que no he notado un cambio durante los cambios biológicos de mi padre, siempre ha sido la misma, amorosa y cariñosa. En cuanto a mí, tengo 22 años de edad, mi vida ha sido más sedentaria por los cuidados que debo tener ante mi salud, pero también me ha gustado rebuscarme el dinero de niño. Fui el más apartado y frío, siempre intentaba acercarme a mi padre y dejar el orgullo a un lado, pero siempre había algo que en algún momento me alejaba de él, no era nada agradable sentir eso porque se trataba de mi padre y no de un desconocido, me cuestionaba por qué me pasaba eso porque al fondo de mi corazón deseaba abrazarlo y decirle que era el mejor, y es por esto mismo que por aquella actitud que tenía con mi padre era similar a la de mi hermano Camilo, sin embargo esto va cambiando poco a poco.

Esa era la preocupación de mi padre, era un desasosiego de cada mañana al levantarse e irse a trabajar y que no nos faltara nada.

POEMA 1

Como paloma encerrada

Como paloma encerrada,

Así se encuentra mi llanto enjaulado,

Soy prisionero de mi propio miedo, un miedo que me
invade en mi corazón y mi corazón está acongojado,

Un mar de emociones que invaden cada rincón de mi cuerpo
que no encuentro palabras correctas para ser expresado,

Mil veces lo he intentado, no quiero sentir más este
miedo que me está carcomiendo,

A veces pienso que el héroe de toda mi vida no partirá
a ningún lado,

Me niego a pensar que esa fuerza alumbrante ya se le haya
acabado,

Que aquella lucha de tanto tiempo el villano sea el que la haya ganado,

Como todo superhéroe una buena batalla le ha dado,

Tal vez el miedo de enfrentarme a la vida sin mi héroe quien me dio la vida sea lo que me tenga más aterrorizado,

Nunca dejará ser mi héroe, aquel que daba la vida por salvar la mía,

Y ahora que me necesita me pondré la capa y sacaré mi escudo, seré sus brazos y sus piernas, seré ese sostén mientras pueda,

Hasta que aquella paloma blanca vuele alto y sea liberada sin temor a nada,

Siempre serás mi PADRE y mi HÉROE que se convirtió en esa paloma que volará libre entre los cielos sin temor de que será de nuevo enjaulada...

CAPÍTULO II

¿Cómo hace? ¿Estará bien? ¿Qué hace con la sonda?, nos cuestionábamos este tipo de cosas. Mi padre era alguien muy audaz y fuerte antes de estar postrado en la cama, tenía la capacidad de seguir caminando y luchar por él y por los suyos, para ese entonces dependía de un sueldo como todo empleado. Desde el año 2000 trabajaba para una empresa al norte de la ciudad de Santiago de Cali, prestaban servicios de soporte y mantenimiento a grandes industrias, mi padre era reconocido como uno de los mejores ingenieros, era excelente en lo que hacía, lo mandaban a diferentes partes del país y gracias a ese empleo mi padre sostuvo a su familia y a la vez conoció hermosas ciudades de nuestro país.

Mi padre tenía un gran prestigio porque sus cualidades lo hacían único, amable, inteligente, noble, alegre y entre otras muchas más cualidades, que las demás personas se sentían muy agradable al trabajar con él.

Por un lado era bueno que trabajara porque no tenía mente para pensar en su enfermedad, lo único que le molestaba era la sonda vesical, la cual se la escondía muy bien para que en la empresa no le fueran a poner problemas; esa era una verdad oculta que por medio sin poder trabajar era preso de su libertad. Realmente era algo de admirar porque en el proceso de su enfermedad no dejó ser aquella persona alentada.

Fueron 7 años que trabajó para esa empresa, lastimosamente para junio del 2007, la empresa se ve baja de recursos, el dueño se ve en la obligación de cerrar la empresa. Ahora no era solo la angustia de mi padre por su enfermedad, si no la crisis empresarial de su jefe.

Ya que si cerraban la empresa sería un desempleado más del país porque a sus 55 años de edad para ese instante, era consciente que encontrar trabajo en otra empresa y empezar de cero iba hacer difícil, porque en la ley colombiana a los 50 eres muy viejo para trabajar pero aún sigues siendo joven para ser pensionado; una ley llena de contradicción y tan arbitraria que solo para los políticos y gobierno no era aplicada.

Mi padre no se varaba por nada, entre más encontrara obstáculos más alto saltaba, decide independizarse, ser el único jefe, el único quien se puede exigir su propio horario. Por esa buena labor que había hecho en su antiguo trabajo las industrias lo buscaban por todo lado para solicitar sus servicios, en un santiamén se logra ubicar de nuevo pero con su propia empresa.

Mi mente me trae recuerdos de cuando era niño a mis tres años de edad en el año 1996, hago alusión de aquella anoche en que mi madre y mi padre empacan ligeramente la ropa de mis hermanos y mía junto con la de ellos desesperadamente, era muy inocente como para notar que algo estaba pasando, mi padre no padecía de ningún tipo de enfermedad a sus 42 años, era un hombre muy sano.

Llegamos al terminal de buses y nos fuimos para otra ciudad, se me hacía muy extraño porque de la noche a la mañana, entre tanta laguna en mi memoria que se me hace de ese momento, se me vienen imágenes que al bajarnos del bus al llegar a nuestro destino, se encontraba muy oscuro todo ya que era de noche, al frente de la parada había una calle destapada junto con un potrero. Mi padre me carga en sus hombros, mientras llevaba mi hermano cogido de la mano y mi madre cargaba a mi hermana Lina María en sus brazos, ella apenas tenía un año de haber nacido. Con la inocencia de niño veíamos todo divertido, me encantaba que mi padre me cargara al caballito, sentía que estaba más cerca de las estrellas.

Después de tanto camino hemos llegado a un condominio grande y bonito y a partir de ese momento esos edificios serían nuestro nuevo hogar. Nos encontrábamos en las tierras de Boyacá, a los días mi padre ya tenía trabajo, mi madre se encargaba del cuidado de nosotros. Mis hermanos y yo, iniciamos el estudio en el mejor colegio de ese departamento, me gustaba mucho ese uniforme porque era vino tinto, de corbata, camisa blanca y un blazer para el clima frío, todo del mismo color. Para ese año pasamos el diciembre entre nosotros cinco, en la nochebuena me regalaron mi primer carro a control remoto, sin embargo solo lo pude disfrutar por unos cuantos minutos porque al estrenarlo subió un carro más grande y mi carrito es aplastado, y al recordarlo me causa una gracia y una grata sonrisa, son anécdotas que en su momento nos hicieron llorar pero a medida del tiempo son gratos recuerdos que siempre te harán reír y suspirar.

POEMA 2

Cada mañana

Cada mañana al escuchar el dulce susurro de mi madre,

De que ya es hora de levantarme,

Al abrir los ojos lo primero que veo es cómo aquel rayo de luz destella mi rostro,

Como si fuera algún tipo de esperanza, el tener que levantarme y cortar mi sueño me resulta algo abrumante,

Porque a la cruda realidad no quiero enfrentarme,

Cada mañana en vez de despertar del sueño era como iniciar la pesadilla de cada noche,

El tener que cruzar la puerta y dejar a mi padre,

Es como dejar la mitad de mi corazón,

me parte el alma en dos,

*Voy en camino hacia mi destino y siento como si caminara
en medio de una tormenta,*

Es como si fuerzas me faltaran,

Miro hacia las nubes pretendiendo que me den

fortaleza, Las lágrimas invaden mis mejillas,

En mi andar mi corazón siente la necesidad de llorar,

No quiero sentir ese miedo que me invade por dentro,

*Cada vez que parpadeo es como recordar aquella
mirada perpleja llena de azoramiento como si yo fuera
algún forastero,*

*Tal vez sea porque se encuentra desorientado, por eso
anhelo cada noche ya que en mis sueños,*

No siente desconsuelo…

CAPÍTULO III

Pasaron los meses y pude entender por qué habíamos abandonado la ciudad de Cali, ¡Mi tierra!, mi madre trabajaba como secretaria del gerente de un banco, su jefe realizó un negocio ilícito que también había perjudicado a mi madre de paso, no con las autoridades sino con malandros, por lo cual eran buscados por ellos, un día antes de irnos para Boyacá habían matado al jefe de mi madre, a las pocas horas mi madre recibe una llamada de lo sucedido y que iban por ella solo por ser su mano derecha y tener conocimiento de los pasos que daba su jefe. Ese fue el motivo porque viajamos de la noche a la mañana y sin ninguna explicación a nadie. En el lapso del tiempo que permanecimos en la nueva ciudad -a pesar de que no era tan grande a comparación de dónde veníamos- estaba contento con mi nueva vida, estaba a gusto donde vivía y me sentía muy agradable en donde estudiaba.

Un día me encontraba en el colegio, los profesores nos estaban preparando para salir de paseo, no me encontraba totalmente motivado para ir, mi padre se encontraba en la clínica, no recuerdo lo que tenía para ese momento, pero de lo que sí tengo memoria es que me escape del colegio para ir a visitar a mi padre que se encontraba un poco enfermo, por lo tanto quería aprovechar que la clínica quedaba a dos cuadras de donde estudiaba. Al llegar a la clínica no me querían dejar entrar por no tener una edad adecuada que me permitiera el ingreso al centro de salud, pero en un descuido del portero, gateando como si fuera un perro para evitar que me viera, en busca de habitación por habitación logré llegar al cuarto adecuado donde mi padre estaba hospitalizado.

Realmente en la tierra de Boyacá durante nuestra estancia en esa ciudad, se vivieron muchas experiencia que serán recordadas de por vida.

Después del tiempo hemos regresado a nuestra ciudad natal juntos, nuestros demás familiares con nuevas historias por contar y más tranquilos de saber que no corríamos ningún tipo de peligro.

En el 2001 fue el nacimiento de Juan Camilo, me encontraba ansioso por conocer al nuevo integrante de la familia, tenía apenas 8 años, estaba en tercer grado de primaria, durante la clase me llama la decana y me da la noticia de que mi madre estaba en la clínica por contracciones, eran señales de que mi hermano menor ya iba a nacer; mis oídos se deleitaban por cada palabra, la emoción fue tan grande que no dudé en salir corriendo a mi casa para tener todo preparado y limpio para que mi hermano encontrara todo perfecto.

Los minutos se me hacían eternos, el tiempo se me pasaba lento y esperaba que llegara en cualquier momento, cuando menos lo esperé mi madre ingresa por esa puerta y entre sus brazos tenía a mi hermanito, lo primero que hice al verlo fue darle un beso en la frente, no podía del sentimiento majestuoso que podía sentir, lo cargué con mucho temor a que se me cayera de mis manos pero lo agarré tan fuerte para asegurarme de que no pasara eso. Mi hermano dormía en mi habitación, cada 10 minutos lo miraba para rectificar que se encontrara bien, con él aprendí a cambiar pañales, a alimentar a un bebe y a tener los principales cuidados que se debían seguir. Una noche de tanto llanto lo cogí entre mis brazos y lo moneé de lado a lado, me acosté en mi cama y lo puse en mi pecho y al calor de mi cuerpo pudo adormilarse.

Mi padre y mi madre me dieron unos grandes hermanos, a pesar de riñas y disgustos siempre hemos estado el uno al otro apoyándonos cuando lo necesitamos, no solo nos une la sangre y el amor que nos tenemos porque todos somos para uno y uno somos para todos.

POEMA IV

Minutos y horas

Los minutos se me hacen horas,
Cada hora se me hacen años, El
tiempo se me hace lento, La
vida se me está destruyendo,
Para mi padre no quiero más sufrimiento,
Esta pesadumbre me está devastando, El
mutismo de nuestro gimoteo,
Es ser preso A lo largo del tiempo.
Un hombre lleno de conmiseración se vuelve débil ante esta
situación,
Solo tengo un deseo,
Que mi padre vuele alto y tenga descanso eterno.

CAPÍTULO IV

A pesar de tener una buena educación, algo no estaba bien y no todo era perfecto, mi relación con mi padre no era precisamente buena como yo esperaba. Pasaban los años y me había convertido en una persona desdeñosa, frígida e inexorable cuando mi padre me dirigía la palabra, no sé por qué sentía esto en mi conciencia, sabía que no estaba bien, sin embargo era difícil dejar esa actitud de reverente, no significaba que no sintiera amor por él, de lo contrario yo amo a mi padre, porque es el único ser que seguía luchando en contra de su enfermedad y es una persona de admirar, pero no encontraba la forma de expresarle aquel sentimiento que le robaría una sonrisa de oreja a oreja.

Esa era mi verdad oculta, una conmiseración encadenada a prejuicios sin razón alguna, era preso de la libertad al ser apocado de mis propios sentimientos.

No esperaba el momento en que esta actitud de apático cambiara, cada vez que sentía la necesidad del querer ceñir mis brazos alrededor de su cuerpo y disfrutar de eso, me agobiaba de no poder hacerlo porque mi orgullo se había convertido en mi único cautiverio.

Tomé la iniciativa de congregarme a una Iglesia Cristiana, me rodeé de personas amables, creyentes, sanas y que se preocupaban por ti sin importar nada. Me aferré totalmente a este estilo de vida, a los ayunos, oraciones, vigilias y a las alabanzas a DIOS. Aquellos vacíos se fueron llenando, poco a poco me sentía mucho más alegre, esa amargura que me tenía deprimido no era la misma, me mantenía en el templo de Dios siendo partícipe de todo tipo de eventos. Unos familiares que también asistían a la misma iglesia me invitaron a un retiro espiritual que era para los días de un fin de semana, me encontraba animado pero realmente no estaba seguro de aceptar la invitación o no, no se trataba de un juego de parque, cuando se trata de Dios toda decisión que sea tomada debe ser en serio y sin reversa.

La situación de mi padre y la promesa que me hice a mí mismo fue la que me terminó de motivar para que nuestra relación algún día fuera la mejor, solo pensaba en esos abrazos que tanto deseaba darle. Asistí al gran retiro espiritual, el lugar del hecho había sido en la Torre de Cali, por primera vez estaba conociendo esa edificación luego de tantos años de ser construida, para mí era un mundo nuevo, un mundo curioso, me sentía gigante, la ciudad la tenía a mis pies, en esos edificios normalmente para observarlos hasta el final hay que elevar la mirada para analizar esas torres que a poca vista se logran ver con detalles, pero esta vez estaba desde lo más alto de la Torre de Cali y todo parecía de juguete por su miniatura. ¡Algo sorprendente!

En el primer día nos acomodaron a cada uno en su habitación, nos dieron 30 minutos de descanso porque debíamos subir al último piso para empezar el retiro espiritual, cada oración y cada momento pensaba en mi padre, porque mi motivo era él por quien estaba allí. Cuando el pastor se acercó a mí, extendió sus manos y su palma con mucho amor la puso en mi corazón sin saber nada de mi relación con mi padre, todas las palabras que salían de su boca se referían a eso, de inmediato siento la necesidad de llorar pero yo trataba de reprimir esas lágrimas, el pastor insistía con su oración llena de fe de que tenía que ser expulsado ese llanto guardado, era como si se jugara a hacer el pulso, al que más resistiera hasta que el brazo tocara la mesa, en este caso yo fui el débil, de repente mis lágrimas eran evacuadas de mis ojos, mi corazón latía a cien por minuto, mi pecho se reprimía de una manera insaciable hasta que comprendí que era DIOS y el Espíritu Santo que por medio del pastor había intercedido.

Mis ojos pararon de gimotear pero mi cuerpo se sentía pesado, a la vez una paz interior, era como si mi alma estuviera libre en esos momentos y solo quedara el cuerpo, en la petición solo pedí dos cosas: la sanación de mi padre y poder estar bien con él. Al segundo día me desperté como si hubiera vuelto a nacer lleno de amor y de paz, en el momento del desayuno analicé a cada una de las personas que asistieron al evento y en cada uno se veía esa tranquilidad, esa sonrisa que no se manifestaba en su rostro como si sus preocupaciones ya no existieran. Durante la conferencia observé que los líderes correspondientes de cada grupo hacían entregas de unos pequeños sobres, esos sobres eran cartas de sus familiares, por un segundo me desanimé porque nunca se me había cruzado por la mente que mis padres y mis hermanos me dieran una carta, ya que ellos se congregaban en la Iglesia Católica, pero en un momento oportuno el líder se me acerca y me entrega el sobre, sentí tanta emoción que al instante abrí el sobre y eran palabras de mi familia, y ninguna me había afectado tanto a excepción de las palabras de mi padre.

HIJO, TE AMO Y ESTOY ORGULLOSO DE TI fueron las palabras que resaltaron, tenía un llanto incontenible, no eran lágrimas de tristeza, eran lágrimas de alegría al leer esas palabras, me imaginé su voz y su rostro en mi cabeza; era la primera vez que mi padre se expresaba de tal forma.

Pasamos el fin de semana completo en la Torre de Cali participando del retiro espiritual y ya era hora de regresar a nuestras casas, el bus nos dejó de nuevo en la iglesia, había demasiadas personas y estaban emocionadas esperando a sus seres amados y renovados, me encontraba muy emocionado, tenía la ilusión de que mis padres me estuvieran esperando, al ver que mis padres no resultaban por ningún lado esa ilusión se fue desvaneciendo poco a poco.

De repente sentí que alguien toca mi hombro, di un giro de 180 grados con una esperanza de que fueran mis padres, pero al voltear eran mi primo Héctor con su esposa Luz Adelia, por lo menos me sentí contento de que alguien sí estaba pendiente de mí, ellos ansiosamente me abrazaron con un rostro de felicidad y de nostalgia por el paso que había dado, lo manifestaron por medio un fuerte abrazo y una lágrima que regocijaban sus mejillas.

Al terminar el encuentro con Dios ya era hora de ir a casa, en paz y con serenidad me encontraba pero esa conmoción de no ver a mis padres con el mismo entusiasmo me desanimaba un poco. Estaba haciendo lo imposible para que todo se mejorara en mi hogar, la tarea no era solo mía también mi padre tenía que poner de su parte.

Pasaron los días del retiro espiritual, las peleas, el rencor y aquel orgullo disminuyeron poco a poco ante los regaños y reclamos de mi padre, no respondía, callaba y respiraba profundo para evitar cualquier tipo de discusión. Tuve un mayor acercamiento a mi padre, sin embargo la dicha no duró mucho tiempo, siempre aparecía un impedimento que destruía todo a su paso, de lo poco que lograba construir en mi familia; era como si un bloque de hielo se encontraba en medio de los dos.

A veces pensaba que entre tantas verdades ocultas era aquel muro de hielo el que impedía acercarme a mi padre, tal vez porque no tuve confianza en él, para que me aconsejara ante situaciones adversas y en situaciones que mi corazón se desmoronaba.

El vínculo que necesitaba para romper ese témpano de hielo, se trataba solamente de dejar a un lado esa altivez la cual no me permitía disfrutar de mi gran padre.

El orgullo... Un sentimiento que las personas suelen manejar muy bien, como seres humanos es normal lo anormal es dejarnos llevar por él y que nos cohíba de cosas como, por ejemplo, el no decir: Te quiero, Te extraño o en los mayores de los casos la palabra PERDÓN, una palabra que como seres humanos nos cuesta expresarla, porque ya no se trataba de solo un orgullo si no de la dignidad innecesaria cuando sabemos que hemos cometido el error es por este tipo de acciones que nos convertimos en seres imperfectos. Hacemos daño a nuestro prójimo y peor aún a nuestros seres amados, pero el perdón no lo solemos decir, preferimos hacer borrón y cuenta nueva como si nada hubiera pasado, la desfachatez se pasa de descarada cuando salimos a enfrentarnos a una vida. Una vida llena de oportunidades valiosas que se nos van de la mano porque nos volvemos ciegos por el mismo orgullo y no aceptar nuestros errores…

POEMA 4

El goteo de la lluvia

*El goteo de la lluvia es el sonido de la noche, mis
pensamientos vuelan pero mi mente en blanco se encuentra,
Observo la luna llena desde la ventana de mi
cuarto, acostado,
Solo una estrella fugaz quiero para que mi deseo sea
realizado.
Regresar el tiempo y ese endiosamiento que me cohibía de
mis sentimientos,
Dejarlo a un lado y solazarme sin ningún prejuicio
y reglamento,
La pasión es despertada por un amor verdadero entre un*

padre y un hijo juntos han batallado, una lucha
constante que al final lo han superado,

Se cuestionan la razón y el corazón entre el orgullo y perdón,

Verbos que no trabajan coordinados, solo es cuestión de
acoplamiento para llegar a un mismo fin y concebir

Un lo siento y un Te Amo al verte sonreír.

CAPÍTULO V

No hay nada más confortable, poder confiar en tus padres en momentos difíciles y preocupación, tengas la serenidad de que cuentas con ellos en una relación tan estrecha y en pocas familias que los hijos vean a los padres como sus mejores amigos, no hay alguien mejor quien no sea tu madre o tu padre el que te brinde un apoyo, que te dé un consejo, en el momento en que lo hagan serán las palabras más sinceras y leales que te puedan decir, porque siempre querrán lo mejor para ti.

De algo de lo que sí me da remordimiento es que esa confianza de la que tanto hablo no fue aplicada en mi vida, no porque mis padres no la brindaran, era algo más que eso, por el mismo miedo de que me sermonearan me enceguecí al no ver esos padres bondadosos y leales que Dios me había dado en este largo recorrido, y por no confiar por mucho tiempo mi vida se encontraba en un apresamiento sin causa. Con solo pensar que les contaría más sobre mi vida, de inmediato mi pecho se presionaba hasta que mi ritmo cardíaco latía tan fuerte que lograba escuchar los latidos sin necesidad de un fonendo, no me imaginaba si así me sentía con solo el hecho de pensarlo cómo sería mi comportamiento en momento dado de enfrentar la realidad.

A mis 17 años de edad, mi vida era como la de cualquier joven adolescente, con problemas como todos pero no se me cruzó que las cosas iban a cambiar, mi vida dio un giro de 360 grados. Confusiones y deseos por personas con quienes no debía tener fantasías, mis sueños se convirtieron en mis tormentas nocturnas causando caos, destrucción de mi sueño.

Hago memoria desde el día que empezó todo, tenía mi novia, era muy agradable compartir con ella, una vez le hice la invitación de ir a comer helado, en ese momento al lado de nuestra mesa se sentó un joven alto y acuerpado con una barba muy definida, no quitaba la mirada a nuestra mesa, supuse que era mi novia a quien miraba tanto, más sin embargo mi novia en un tono muy peculiar me dice:

–Es mi impresión o esa persona está mirando mucho hacia esta mesa.

–También he notado que ese joven alto te ha estado mirando mucho –mi expresión fue algo muy serio.

Ella sonríe, y responde:

–No es precisamente a mí a quien está mirando.

Al escuchar ese comentario, la seriedad en mi rostro se notaba pero muy al fondo me sentía atraído por aquel tipo de barba definida y de cuerpo musculoso, mi conciencia sabía que no estaba en lo correcto tener pensamientos por personas de mi mismo sexo, consideré que era algo normal, admirar la belleza de otras personas, esa admiración se fue transformando en deseos y pensamientos con hombres, cada vez que observaba a alguien atractivo mi cabeza retumbaba, no estaba seguro de que se tratara de un gusto y si fuera en ese caso, me negaba rotundamente en aceptarlo porque no era parte de como mis padres me criaron.

Las fantasías eran más fuertes y esos sueños eróticos eran muy de seguido que permanecían en cada sueño, era algo muy inevitable, lo que más me costaba aceptar, dentro de mis sueños disfrutaba de ese momento y lo peor era que ya al besar a mi novia no me sentía lleno, no era el mismo.

Al pasar este momento de confusión tomé la decisión de darme un tiempo hasta aclarar mis pensamientos de lo que me estaba ocurriendo, dejé a mi novia, de su boca solo salieron las palabras: ¿Tienes a otra mujer? ¿Te gusta alguien más? ¿Dime la verdad?... el ver sus ojos apagados, llenos de desilusión y tristeza me partía el alma, no me atreví a confesarle lo que por mi mente estaba pasando. ¡Impotente e incapaz fue como me sentí! Mil veces preferí que se quedara con la imagen de que le había sido infiel o que tenía un gusto mayor por otra persona, que sentir repugnancia por parte de ella. Lo sé… ¡FUI COBARDE!

En ese lapso de tiempo por desesperación me mantenía de fiesta en fiesta y si tenía la oportunidad de tener relaciones con una mujer lo hacía, pensamiento de machista absurdo, me podría acostar con las cantidades de mujeres que quisiera pero mis pensamientos, deseos y la atracción por los hombres seguirían siendo iguales o más fuertes, no existen escondederos para ocultarnos a este tipo de situaciones, la única solución era enfrentarla y aceptar la realidad.

Una de las mujeres con las que tuve acto sexual me enteré que se encontraba en embarazo, se llama María José, la incertidumbre de no tener la certeza si esa criatura de Dios que estaba en formación era mía, más tarde fue confirmado por Mariajo (de esta manera le llamaba) que ese niño era de mi sangre. Cantidades de emociones y aprensiones recorrían todo mi cuerpo, quería gritar de la felicidad porque siempre había dicho que anhelaba el poder ser padre algún día de mi vida. Sin embargo, las preocupaciones iban detrás de la felicidad, era prepararme de cómo les daría la noticia a mis padres, me asustaba más la idea que ellos se enteraran de las responsabilidades que se aproximaban.

Dos tipos de emociones, realmente no existen palabras ante estas conmociones. El hecho de que yo estuviera contento, pensé que aquella mujer también lo estaba además de sus preocupaciones, a pesar de tener solo 17 años casi 18, estaba dispuesto a responder así me tocara dejar de estudiar y trabajar en un mercado con tal de que mi hijo se encontrara bien. Algo no me dejaba tranquilo, esa mirada de la madre de mi hijo inquieto me tenía, una mirada llena de sosiego y de pesadumbre. Dicho y hecho, de su boca salieron las palabras más detestables que mis oídos en una persona hayan escuchado: No lo voy a tener. No lo quiero tener, fueron las palabras y al instante María José se convirtió en la mujer más aborrecible y repugnante. Aún así no lo iba a permitir, estaba dispuesto a luchar por la vida de ese niño que su propia madre se la pensaba arrebatar.

Tres días después recibo una llamada de la mejor amiga de María José, con una voz angustiante y temblorosa...

−¿Sebastián?

−Sí, con él −contesté cuestionándome acerca de quién podía ser.

−Soy Sofía −era la mejor amiga de María José.

Por el hecho de que Sofía me llamara, sentí una opresión de que algo andaba mal, no la conocía en persona pero sí sabía de su existencia por historias y anécdotas... ante la llamada justamente no estaba equivocado, porque algo malo estaba por suceder...

−Dime Sofía, ¿qué pasa? ¿Y María José? −en mi mente solo recordaba las palabras "No lo quiero tener".

−¡Juan!, en estos momentos María se encuentra en el procedimiento para poder abortar, te lo informo porque tienes derecho de saberlo.

No sabía qué hacer o qué decir, la ilusión de tener ese niño en mis brazos algún día se fue desmoronando poco a poco, sentía como si mi corazón fuera de cristal y lo dejaran caer de sus manos y fragmentos solo quedaran.

No es fácil recordar todo lo que me ha lastimado pero era necesario expresar cada lágrima que he derramado y mi alma fuera curada. Porque mi corazón se había llenado de rabia, repudio y rencor contra aquella mujer que le quitó la vida a una criatura indefensa; fue tanto el veneno, que me invadía la amargura y el mal genio.

Mis padres notaban que algo me pasaba, pero no era capaz de contarles que una mujer había abortado un nieto de ellos, no tanto porque los lastimara sino porque siempre tenía miedo de hacerlo y de contarles, era una verdad que por ocultarla me arrebataba la felicidad. Tal vez ellos ya no tuvieran la solución de cambiar las cosas, lo que sí fuera cambiado es ese dolor que me carcomía por dentro por el simple hecho de que me desahogara en el momento en que pasó todo.

Hoy en día María José no es la misma mujer que era antes, cada 25 marzo (la fecha en que tomó la decisión más absurda de su vida) llora del arrepentimiento, es inevitable no llevar la cuenta de los años que llevaría ese hermoso angelito de Dios. "No hay mal que por bien no venga", ahora ese arrepentimiento que lleva dentro hará valorar y querer más al próximo hijo que lleve a su vientre. Los errores no son errores cuando se aprende de ellos para no cometerlos de nuevo.

POEMA 6

Te amé y te amare por siempre

No tengo mucho qué decir,

Cuando aquella luz ya no está en mí,

No encuentro palabras para expresar el vacío que has
dejado entre mis entrañas,

Te amé y te amaré por siempre,

Mi querido valiente,

Soy como aquel barco en medio del mar y

tormentas, Mis ojos se invaden de agua al

recordarte, Cuando partiste en mis brazos,

Despegaste con la otra mitad de mi vida, eras aquel
complemento perfecto,

A pesar de dos mundos paralelos,

Pero aquí estoy con mis pensamientos abstractos,

Miro hacia las estrellas esperando una señal, desearía tener alas y volar lo más alto para tenerte más cerca,

No me doy por vencido,

Por la distancia que nuestras almas se encuentran

separadas, El amor es tan desmesurado,

Que en mi corazón siempre estarás a mi lado,

Algún día volaré tan alto que estaré de nuevo entre tus brazos,

Solo suspiros es lo que me queda de este duelo vivido,

Solo quiero una señal del destino que te volveré a ver en la trayectoria de mi camino.

CAPÍTULO VII

¿Quién soy yo? ¿Un simple hombre al que le gustaba jugar a las muñecas de niño? O ¿un niño que quería jugar a ser padre? ¿Una persona que le da miedo expresar sus sentimientos? Preguntas que me hago frecuentemente.

No hay que esperar años para poder salir de tu propia jaula y volar alto como una paloma, en tus propias manos está si elijes un mundo de mentiras y cohibición o una vida relajada sin temor a nada.

No es fácil querer decir verdades ocultas cuando temes que con solo una verdad podrías hacer daño a tus seres amados, especialmente cuando uno de ellos lucha contra enfermedades que pueden atentar contra su vida. Precisamente eso me pasaba, cada vez que necesitaba de mis padres me daba miedo decirles la verdad por temor de que a mi padre le pasara algo, pensaba en lo peor, incluso llegué a pensar hasta en su muerte, me aterrorizaba mucho la idea de cargar con esa conciencia.

El inicio de mi homosexualidad fue una de las grandes verdades ocultas que muchas veces traté de expresarle a mi padre, pero no tuve el suficiente valor de contarle quién era yo realmente.

La verdad, ni yo sabía quién era, como persona desconocía de mí muchas cosas, a pesar de que tenía pensamientos confusos anhelaba contarle a mi padre los pensamientos que tenía en mi mente, pero nunca fui capaz de hacerlo. Ahora es un remordimiento que me quedará toda la vida porque mi padre voló hacia los cielos sin saber quién era su hijo, tal vez él esperaba nietos de mi parte, un hogar con una bella esposa y entregada al hogar, la realidad era otra de la que nunca se enteró; mi corazón se me hace fragmentos con el hecho de pensar que tuve muchas oportunidades de soltar esa verdad oculta la cual aprisionaba a mi libertad, sin embargo preferí vivir más años de cohibición y por miedo a errar no lo intenté.

Quizás mi padre siempre supo la respuesta del ¿Quién soy yo?, no obstante hasta su última lucha de vida espero a que no lo viera como padre sino como su mejor amigo.

Es un sentimiento que reprime mi alma que solo recordar su risa me llena de nostalgia, hasta sus gruñidos cuando se enojaba no pensé que me fueran a hacer tanta falta, esa frente como la arrugaba, esos labios apretados y esos ojos brotados como un búho y no faltaban sus gafas de una sola pata, estos eran sus gestos cuando no estaba de acuerdo o le molestaba algo, momentos que serán guardados en el baúl de los recuerdos.

Después de la mala experiencia que pasé por María José, decidí que lo mejor era tener resignación y aclarar mis propias confusiones con serenidad y sin angustia.

¡Pasaron semanas y sí!, efectivamente me encontraba algo más relajado ante esos tipos de sueños y deseos que tenía con hombres, un día no como cualquiera fui de visita a la casa de dos amigas que eran hermanas (María Camila y Julieth Estefany), dos hermanas de carácter muy diferente: María Camila era muy risueña sin embargo manejaba un temperamento fuerte y Julieth Estefany era la típica mujer malgeniada que respondía con dos piedras en la mano pero tenía un corazón muy noble, estas dos mujeres a lo largo del camino también se hicieron muy especiales para mí.

El momento que entré a la casa de ellas a visitarlas, se encontraban en la sala, las saludé de beso en la mejilla y con un abrazo muy fuerte. También se encontraba un joven al que desconocía y lo único en que me fijaba era en sus ojos claros, en el trascurso de la noche de tanto parlamento y risa habían miradas insostenibles entre él y yo, me sentía atraído –NO LO NIEGO– por este joven que se llamaba Gustavo, lo curioso es que por primera vez no me sentía culpable y sucio por eso, lo contrario, en el camino a mi casa mis labios de punta a punta eran estirados manifestando alegría, no sé, realmente estaba contento de haberlo conocido.

Gustavo vivía a dos casas de María Camila y Julieth Estefany, a partir de ese momento buscaba cualquier pretexto para visitarlas y de paso poder ver al joven del que me sentía atraído, cada día que lo veía el gusto se hacía más fuerte, el deseo de besarlo era algo incontenible pero lleno de cohibición hasta el momento que decidí arriesgarme y a contarle lo que sentía por él, nervios y miedos me invadieron, me llené de valor y le dije:

-¡Gustavo!, ¿será que puedo hablar contigo pero a solas? -con un tono nervioso.

Y él muy amablemente aceptó, nos dirigimos hacia un árbol que se encontraba al frente de un canal de aguas residuales, era un lugar solo y oscuro, exactamente las 11:00 de la noche, mi corazón latía muy rápido y mis manos sudaban, era algo extraño, algo por lo que no había pasado, me armé de valor lo suficiente para decirle que me llamaba mucho la atención, que era algo tan inevitable el no mirarlo, el cohibir las ganas de abrazarlo, que sentía un gusto muy grande por él, pero que a la vez sentía mucho miedo porque no estaba seguro de lo que estaba haciendo, el miedo era más en pensar el problema que podría tener si mis padres se dieran cuenta de lo que estaba haciendo en ese momento, tampoco podía ser tan egoísta conmigo mismo, ellos ya habían vivido su vida a su manera, esta vida correspondía a la mía, yo era quien tomaba la decisión de hacerlo o no y dejar los miedos a un lado porque realmente no estaba haciendo nada malo por más que me sintiera juzgado. Gustavo al escuchar cada palabra de la atracción que sentía por él, no lo creía ya que sentía un gusto por mí, aunque no estaba seguro porque mis amigas le habían dicho que mi estereotipo era hacia las mujeres mas no de su mismo sexo, eso era algo que lo cohibía de mí, lo que más le sorprendió fue la petición que le hice.

¡Sí, le pedí un beso! Mientras aquella mirada se agachaba de la vergüenza, tenía tanta pena que mis mejillas se sonrojaron y mi voz era temblorosa, incluso pensé escuchar una negación ante mi deseo pero no fue así.

-¿En serio? ¿Estás seguro? ¿Eso quieres? -fueron las palabras de Gustavo. Me tomó de la mano, me pidió que cerrara los ojos y respirara profundo para estar tranquilo, cuando menos lo pensé sentí sus labios rozando juntos con los míos, sin mentirles ese momento el tiempo se detuvo, sentí unos calambres en mi cuerpo que no sabía cómo explicarlo, tal vez es a lo que le llaman "mariposas en el estómago", de mi corazón no tenía control, latía tan fuerte y tan rápido. Siendo sincero para mí fue el mejor beso, un beso cargado de emociones y de deseo que no podré olvidarlo.

Con ese beso todos mis paradigmas fueron rotos, de tal manera que me olvidé de lo que estaba haciendo, esos miedos temporalmente se desaparecieron, había tomado la decisión de vivir el momento, dejarme de sentir tan abrumado por mis actos que en fin de cuenta alegría era lo que sentía.

POEMA 07

El Fisgoneo

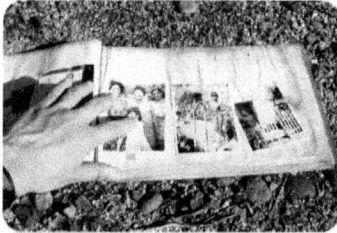

El fisgoneo me ha llevado a la veracidad de mi vida,

*Al sobresalto de mi alma es como el haberme lanzado a
un abismo,*

*A un precipicio dejando atrás la mendacidad de mi propio
encarcelamiento,*

*En una travesía lleno de pensamientos entre lo correcto
e imperfecto,*

Te convertiste en mi promesa eterna

Entre mi repuje y sosiego,

Y a la memoria de mis sentimientos

Cómo olvidarme de ti,

Si te hospedaste en mi jardín de los recuerdos…

CAPITULO VIII

Al transcurrir el tiempo mi sexualidad ya no era un tema del que me preocupaba, realmente me sentía bien como estaban las cosas. Sin embargo,

lo que me carcomía por dentro era tanta mentira con la que vivía por aparentar algo delante de mis padres, por no sentir ese desprecio o decepción de parte de ellos, esa incertidumbre me estaba quemando vivo, no podía más con ella, necesitaba un consejo, una persona más centrada y madura que me ayudara en el direccionamiento ante mi homosexualidad. Recurrí a la hermana mayor de mi madre, ¡sí, mi tía!, su nombre era Luz Marina.

No me encontraba seguro de hacerlo, no hay negación ante esta opresión que sentía en mi pecho, mi tía Luz Marina iba a ser la primera persona de mi familia a quien le iba abrir mi corazón en busca de un consuelo, talvez siendo sincero con ella quien además de ser mi tía era mi madrina, como por decir mi segunda madre. De una manera u otra me iba a sentir más tranquilo.

Recuerdo ese momento –cómo olvidarlo- sentado en la sala de juntas de su trabajo en espera de que me atendiera, una inquietud única, me sudaban las manos, sentía que mi frecuencia cardíaca latía mil veces por minuto, por mi cabeza solo pasaban preguntas de desconfianza: "¿Si podré confiar? ¿Les contará a mis padres? ¿Me juzgará?"...

Eran muchas las preguntas que me hacía en ese momento, ya estaba retrocediendo en hablar con mi tía y justo ahí entra por la puerta con un saludo muy cariñoso como suele ser siempre, se sentó en frente mío y mirándome a los ojos fijamente; era tanto el agobio y el deseo de hablar con alguien que mi boca empezó a relatar por todo lo que estaba pasando, llegué a pensar lo peor pero sus palabras fueron acompañadas de lágrimas, no eran de decepción, eran más lágrimas como por haber confiado en ella, por no verla como esa tía si no como una amiga y realmente en ese momento mi amor hacia ella creció mucho más de lo normal por quererme y aceptarme sin importar mi condición sexual, mi tía Luz Marina fue la primera familiar a la que le conté ese enorme secreto, ya podrán entender el porqué los nervios.

Me sentía liberado de aquella mentira que era mi propio cautiverio, un castigo al que no debí someterme porque de cualquier modo también soy un ser humano,

¡con pensamientos y gustos diferentes, sí!, que ante la sociedad somos juzgados por un prejuicio machista.

Mi vida en menos de un año había tomado un giro de 360 grados, al transcurrir el tiempo me sentía más seguro y con mayor fortaleza para poderme sincerar con mis padres, pero el desasosiego me seguía cohibiendo. ¿Hasta dónde iba seguir ocultando esa verdad por la que me convertí en preso de mi propia libertad?

La solución estaba en mis manos, el sentar a mis papás y decirles la verdad así como lo hice con mis hermanos y mi tía, sin embargo por primera vez no se trataba de cobardía el que me reprimiera de que se enteraran de mi verdadero yo, de la veracidad de mi ser. Ya no sentía la necesidad de sincerarme con ellos, supuse que por mis hechos se daban por enterados.

Claro que con mi hermano Rodrigo Andrés no fue precisamente que se encontrara sentado cuando se enteró que tenía un hermano homosexual, con él fue algo más dramático, algo más como de telenovela mexicana.

En la época en que me encontraba con mi pareja quien se llamaba John Molano, me sentía algo improductivo, el trabajar era algo que anhelaba para poder tener para mis propios gastos, compartiendo gastos en mi hogar y cubriendo el resto de la responsabilidades que me tocara o poder complacer a mi pareja como una invitación a cenar, el transporte de mi universidad, gastos en la casa, etc. John laboraba para un prestigioso salón de belleza con el cual él obtuvo el contacto y habló para que me dieran trabajo allí, logró convencer a la persona decisora para que me diera la oportunidad del poder laborar como tesorero del salón de belleza, pero nunca llegué a pensar que el aceptar el trabajo me convertiría en un problema más para mi madre en vez de una ayuda.

El temor de ella era que "me dejara contagiar muy fácil", mi madre seguía abnegada en tener un hijo con preferencias sexuales diferentes a los demás ("no hay peor ciego que el que no quiera ver), la homosexualidad no es una epidemia como si se transmitiera porque te hablen o porque compartas con ese tipo de personas, la persona quien escoge su sexualidad inclinándose hacia su mismo sexo es porque así lo siente y le nace hacerlo, sin embargo ella tenía ese corto pensamiento tal vez para tener justificación de los actos de su hijo. No la juzgo, en realidad la entiendo, mi madre creció en otra época diferente, en la época en donde el hombre tenía que cortejar a la mujer y la mujer tenía que ser la dama de honor del hombre, y quienes sentían atracción por el mismo sexo eran cohibidos de expresarse en frente de la sociedad, la diferencia del antes y el ahora es que en el AHORA existen personas importantes que apoyan a la comunidad LGBTI (lesbianas, gais, bisexuales, transexuales e intersexuales), se cansaron de vivir reprimidos por una mentira, por ocultar una verdad en la que estaban siendo presos de su libertad viviendo a escondidas, ya que el abrazar a su novio o a su novia en frente de un parque no pueden hacerlo, el cohibir las ganas de estrechar sus manos en un restaurante, no obstante el reprimir estos deseos fue un impulso para que lucharan por sus derechos y por lo cual poco a poco crece el respeto y el apoyo hacia nuestra comunidad LGBTI...

...Volviendo a mi historia, mi madre y yo entramos en discusión hasta el punto de yo irme de la casa, no sabía qué hacer y mucho menos para dónde ir, solo pensé en María Camila y Julieth Stephany. Les conté por lo que estaba pasando, sin importar nada decidieron ayudarme, me recogieron y en el camino hacia la casa de ellas mi hermano Rodrigo Andrés atravesó el carro obstaculizando la vía.

Yo me encontraba muy agobiado con un llanto incontenible, mi hermano al bajar del carro muy furioso descarga su rabia contra mi amiga Julieth Stephany a punta de insultos y gritos, ella se defiende, al instante en que vi que se iban a agredir físicamente me bajé del carro de Stephany intercediendo en medio de ella, y mi hermano muy decepcionado y algo alterado me dice:

–¡Eres un desagradecido con mis papás!

–¡Usted no vive en la casa como para saber qué es lo que está pasando y el verdadero por qué me fui de ella! ¿Quieres saber por qué me voy? ¡PORQUE SOY GAY! –LE RESPONDÍ CON NOSTALGIA, DOLOR Y A LOS CUATRO VIENTOS.

–¿Y ya tuviste la delicadeza de contárselos, de sentarlos y hablarles en vez de actuar como un niño? ¡A mí me vale chimba y media si eres gay o no, lo que me importa es que eres mi hermano y eso no va a cambiar las cosas! –fueron las palabras de mi hermano Andrés al enterarse que yo era homosexual.

Sin importar la cantidad de gente que nos veía discutir, las casas, los automóviles y enfrente de toda una cancha fue el preciso momento en que grité con ganas aceptando lo que era, liberándome de tanta opresión en mi pecho, ya no me importaba nada lo que pensara la sociedad que me rodeaba. Después de todo este vocerío él se montó al carro y se fue, nosotros seguimos el camino hacia la casa de Stephany, al llegar allá mi alma se quebrantó más de lo que se encontraba al escuchar esas palabras de mi hermano, me sentía el peor hijo del mundo.

Los papás de Camila y Stephany me ofrecieron vivir con ellos a cambio de nada, pero John (mi pareja) me propuso que me fuera con él a vivir a su casa porque lo que él menos quería era que yo abandonara mi estudio, él buscaba la forma de ayudarme y que no me faltara nada, a la final terminé aceptando irme con mi pareja.

Fue ahí donde mi madre se llenó de repudio y furor en contra de mis dos amigas, pensando que ellas habían sido las que me sonsacaron de la casa, si lo único que hicieron ellas fue darme hospedaje en su casa que el dormir en una calle con maletas.

Pasaban los días y la ausencia de mi hogar me llenaba de desconsuelo, un calvario que vivía diariamente por no saber nada de mis padres, de mis hermanos, sentía como si cogieran mi corazón con una aguja y lo punzaran por todos los lados, faltándome el aire y el motivo de seguir adelante, pero contaba con el apoyo de John quien me daba fuerza para seguir en la perseverancia de mis logros.

Para los gastos de mi universidad realizaba trabajos de los demás por un costo, de esta manera podía rebuscarme lo de mi transporte diario y cuando no lo tenía John me prestaba su transporte de trabajo o me colaboraba económicamente, la verdad es algo de admirar que siempre voy a valorar.

De tanto estrés y depresión, pocas semanas después de estar compartiendo el mismo techo con John mi T.A. (Tensión Arterial) se encontraba elevada, ese día tenía una fiebre alta con una cefalea muy fuerte, mi vista se encontraba llena de fosfenos, John se encontraba muy preocupado por mi salud, me llevó a una farmacia para que me tomaran la presión y se encontraba en 190/110 mmhg, John –sin dudar– al instante me llevó a la clínica y puso al tanto a mis padres.

Cuando llegué a la clínica, se encontraban allí mi mamá y mi padre con una cara de angustia, no me sentí capaz de mirarlos a los ojos después de defraudarlos, el amor de padre y madre es el único real, existente y confiable.
Los padres y tu familia son los únicos que te dan amor sincero a cambio de nada, son los que te perdonan una y mil veces, lo olvidan todo, esa noche volví a mi casa y a mi madre con sus mejores cuidados para que me recuperara.

POEMA 08

Caminando por el Bosque

En medio del bosque caminando por las montañas,

De noche se percibe una melodiosa serenata, El

viento sopla fuerte y los grillos cantan,

Las luciérnagas brillan como en un concierto de luces,

Mi espíritu es liberado de la aprehensión que causa mi
alma entera,

Esta combinación de sonidos es el susurro de mi serenidad,

Es como estar en otro universo donde solo eres tú con la
naturaleza,

Toda falencia de ansiedad es olvidada,

Observo hacia la esfera que la invaden de destellos,

Si al mirar las estrellas pienso que estás en medio de

ellas, ¿Qué será de ti, y de tu nueva vida?

Un mágico lugar del que no deseo despegar,

Sin importar tanta oscuridad eres tú el que ilumina

mi andar...

CAPÍTULO IX

Han pasado cuatro años desde el momento en que me sentía agobiado por mi sexualidad, ahora tengo 22 años, aquella verdad que ocultaba por miedo a que tomaran un juicio en mi contra por sentirme atraído hacia otros hombres, ese sentimiento oculto que era condenado a no expresar sus emociones ya no existe, soy un poco más libre ante la sociedad, mis amigos, mis primos y demás familiares ya estaban enterados, al tanto, y tengo que recalcar que ninguno tuvo algún tipo de cambio no deseado.

Solo me faltaba algo para dejar tanto sentimiento reprimido, tanta angustia, era el momento del sincerarme con mi padre y pedirle perdón, de decirle te quiero, de abrazarlo y poder compartir con él y recuperar todo ese tiempo perdido por una presunción y una soberbia, lo único que provocó esto fue una lejanía absurda con mi padre, lo último que quería estar con él después de un deplorable suceso y ser la cura de su dolor, no tenía idea de cómo lo iba a hacer.

Para junio del 2015 mi padre ya no es el mismo hombre alentado, él prefería estar en cama todo el día viendo televisor y sus días eran negros, sus noches se habían convertido en pesadillas y sus dolores eran tormentas que no lo dejaban en paz y por más que deseara el querer ponerse de pie no podía hacerlo porque tenía una trombosis venosa en el derecho que le limitaba el poder caminar, por lo tanto su recuperación dependía de un tratamiento en casa que debía hacer cada 12 horas durante los 7 días de la semana, pero como si Dios lo hubiera plantillado yo me encontraba a nada de terminar mi carrera como enfermero, tenía el suficiente conocimiento como para poder ayudar a mi padre y subsanar esas falencias que en algún momento tuve con él, se había presentado la oportunidad de remediarlo.

Por un deseo de mi querido padre, él se sentía más cómodo si yo me hacía responsable de su tratamiento, confiaba en mi conocimiento, él como siempre era el primero que nos daba el voto de confianza. Sin embargo, los dos sabíamos que ese tratamiento sería la excusa perfecta para tener de cerca del uno al otro, ya que era la única manera en que los dos compartiéramos y es algo triste tener que buscar unos pretextos para tener contacto con tu propio padre.

En mi subconsciente sabía que en un año ya no iba a tener a mi padre, una zozobra nos invadía por dentro a diario, ver en el estado en el que se encontraba su dolor se había convertido en su suplicio y al nosotros verlo cómo luchaba en contra de su cautiverio doloroso y no poder hacer nada, era más desgarrador para nosotros.

Al poco tiempo, el médico lo declara con metástasis en el páncreas e hígado, para mi padre fue la noticia más devastadora que le hayan dado, él a pesar de sus falencias en su alma todavía tenía muchas fuerzas para seguir luchando pero su cuerpo no tenía mayor resistencia, en ese instante el recelo de mis miedos invadían mi calma.

Mis hermanos, mi madre y yo éramos conscientes de que las cosas iban de mal en peor, no habíamos terminado de digerir la noticia para que a los pocos días nos demos cuenta que su cáncer ya estaba en todo su cuerpo principalmente afectando su columna, al recordar todo esto es inevitable que mis ojos se llenen de agua y que mi corazón se acojone. ¡No es fácil! Tener que memorizar los momentos más duros de mi vida.

Quería convertirme en mil pedazos para eliminar sus dolores, no es para nada agradable ver a tu padre gritando del dolor mientras retuercen su mirada, realmente no existen palabras para manifestar un dolor tan grande.

No podía creer que aquel hombre alegre al que le gustaba bailar todas sus canciones, aquel hombre que sonreía sin causa, aquel padre que hacía de lo posible a lo imposible por el bienestar de sus hijos esté pagando un calvario de esta manera, no era justo para él por lo que estaba pasando. Yo no tenía mente para pensar en otra cosa que no fuera mi padre, la conmiseración de mi llanto lo expresaba en mi soledad, evitaba derrochar lágrimas en frente de mi familia, quería ser el sostén de ellos por más que pasara indiferente ante lo que estaba sucediendo, ese desconsuelo me quebrantaba mi alma, una verdad oculta a la que aprisioné la libertad de mis sentimientos.

Al ver la dolencia en la que mi padre vivía, ese orgullo y falencias que evitaban acercármele fueron desapareciendo, poco a poco anhelaba demostrar mi cariño hacia él de la mejor manera ya que en tiempos pasados por rebeldía y capricho no lo manifesté de ninguna manera, solo fueron disputa y riñas constantemente.

Una enfermedad que puso en juego la vida de mi padre tuvo que pasar para que me diera cuenta de los errores que yo estaba cometiendo. ¿Por qué debemos esperar que la vida nos arrebate lo que no valoramos en la tierra para que en su último momento demos la mano a torcer y poder cambiar las cosas como queremos? "No hay que esperar ese último momento para valorar y apreciar tu más apreciado tesoro cuando siempre lo tuviste a tu lado".

Así somos los seres humanos, pensamos que las oportunidadesnosduranparatodalavidayquepodemos hacer y deshacer menospreciando el significado de ellas, sin embargo le encontramos un valor muy grande y valioso cuando esa oportunidad que algún día se tuvo ya no se encuentra en nuestras manos, errores que nos costaron lágrimas y dolor para apreciar el verdadero significado del vivir y darle ese valor importante a cada oportunidad que se nos presente durante el camino. Me di cuenta a tiempo del valioso padre que tenía a mi lado, lastimosamente no quedaba mucho tiempo para disfrutarlo...

POEMA 09

Renunciar

No me es fácil renunciar a este dolor que llevo en el pecho
que se ha convertido en mi propio cautiverio,
Daría alma y vida entera para refugiarme de nuevo en
tu pecho,
Sueño con ser el indicado y salvarte de nuevo,
Tanto endiosamiento me hizo ciego,

Gritando desde los tejados por qué no te tengo a mi lado,

Caminando bajo la lluvia sin ningún direccionamiento como

si el agua borrara el calvario en el que estoy viviendo,

Las escaleras no son suficientes para llegar a ti el poder
verte y decir lo siento…

CAPÍTULO X

Nadie sabia realmente por lo que estaba pasando, yo trataba de aparentar una vida feliz fingiendo que no tenía problemas en mi hogar, disfrazaba las preocupaciones y mi tristeza con una sonrisa llena de falsedad evitando que ese cautiverio en el que vivía a diario me invadiera en todo lado, no era una tarea fácil el reír cuando en el fondo sabía que mi alma gritaba desesperadamente al ver que los pocos días de mi querido padre se hacían pronto.

A diferencia de mis hermanos, en el mundo que los rodeaba se les hacía más fácil pensar en otras cosas menos en la salud de nuestro padre, pero en mi caso era algo tan intrincado que por más que tratara de pasarlo en alto mis clases me lo recordaban ya que nombraban patologías que se asimilaban a la enfermedad de mi padre, no tenía el poder de concentración, ¡al contrario!, en el momento en que pensaba en él mis ojos se cristalizaban al instante y mi corazón se oprimía de tal forma que me daban ganas de gritar todo lo que me estaba sucediendo y al no sentirme preparado me era más fácil el retirarme de las clases que sentir ese agobio que envenenaba mi alma.

Una verdad oculta mientras apresaba mi propia libertad, una libertad de tranquilidad y libre de sosiego; sin embargo el fingir una felicidad ante los demás me robó esa paz que durante la agonía de mi padre nunca tuve. Anhelaba que esta pesadilla llegara a su fin, pero al pensarlo me sentía un ser lleno de repudio, pues era una manera de desear la muerte de mi padre porque no aguantaba más ver el dolor en sus ojos y escuchar sus gritos suplicando ayuda; realmente era algo muy estremecedor. ¡No quería eso para él!, no sabía si estaba en lo correcto rezarle a DIOS para que lo recuperara y no me lo quitara de mi lado o para que ya lo tuviera en sus manos y no sintiera más dolor, algo complicado que no fue sencillo de confrontar.

Ya no tenía control de mis miedos, me invadían cada rincón de mi cuerpo, no encontraba la manera de hablar con mi padre para decirle lo mucho que lo quiero y contarle que era una admiración total de su persistencia de lucha contra algo que no se podía ver, a pesar de que mi padre estaba enterado de mi sexualidad por hechos él solo esperaba el momento en que yo se lo contara, en que tuviera esa confianza entre padre e hijo, más que una relación paternal solo un vínculo de amistad deseaba crear entre los dos, no obstante el pánico eludía la verdad de mi homosexualidad.

Recuerdo estas palabras: JAMÁS PERMITAS QUE ALGUIEN DE LA CALLE TE ROBE TU PROPIA TRANQUILIDAD, TÚ ERES ÚNICO DUEÑO DE TU VIDA ÍNTIMA, LO ÚNICO QUE ME INTERESA ES QUE LA VIVAS CON RESPONSABILIDAD Y SALGAS ADELANTE CON TU PROFESIÓN, palabras que marcaron mi corazón y que me confirmaron que mi padre sin importar el tener un hijo homosexual lo siguió amando de una manera incomparable. Inmediatamente todo endiosamiento hacia mi padre desapareció; ese muro que algún día nos separó durante muchos años, la enfermedad de mi padre lo derribó en tan solo un instante aunque los días, las horas y los minutos se agotaban, no quedaba mucho tiempo para poder disfrutarlo y decirle que se había convertido en mi héroe favorito.

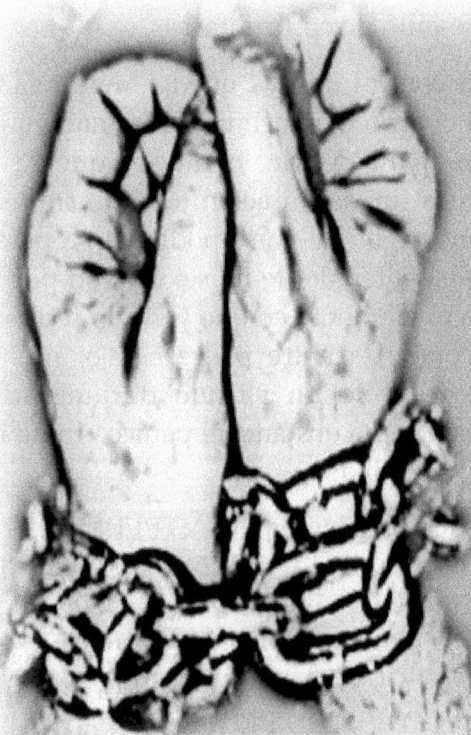

POEMA 10

Soy como un ave

*Soy como un ave que vuela tan alto para alcanzar
el cielo del atardecer,*

De sus brillantes colores como si calmara mi ser,

*El sol se esconde detrás de las montañas como si
mis preocupaciones se pudieran esconder,*

De las nubes salen luminosos destellos

como si existiera alguna señal de esperanza,

*Mientras El cielo se hace negro es mi vida la que se está
oscureciendo,*

Vientos fuertes desde el sur hasta el oeste son

mis gritos de lo más profundo de mi alma,

Pero al caer la lluvia llegan

los relámpagos y truenos,

ruidos y pensamientos que llegan a mi

mente, Como si fuera poco las estrellas

desaparecen, A la opacidad de mi destino

no le encuentro sentido,

En espera de un nuevo amanecer,

Simulando un nuevo mañana.

Anhelando que te encuentres a mi lado

y seas tú quien me acompañe en mi largo camino,

Juntos con lápiz y papel, tú a mí como padre e

hijo enseñándome a dibujar mí propio destino...

CAPÍTULO XI

Aquellos días grises, aquellas tormentas esos días que nos carcomían por dentro al temor de enfrentarlos habían llegado, el vigor debía ser tan fuerte como una piedra, nunca fue fácil actuar como una roca, me sentía tan débil como mi padre tan frágil como una pluma, su dolor era mi dolor, su agonía para mí se convirtió en lágrimas ocultas. Solía llorar a escondidas, no era de mi agrado que observaran mi preocupación y mi aflicción en ver a mi padre de tal forma.

Ya no se trataba de meses o semanas sino de días –quizás horas, cada segundo que pasara en cama me frustraba–, de un llanto oculto con una apariencia muy serena, tal vez me sentía responsable en darle ese valor a mi madre para soportar tanta angustia acumulada durante todo este lapso de tiempo.

Una gota más en el vaso de agua se derramaba, estábamos a punto de estar derrumbados, sin embargo lo que nos mantuvo en pie fue la unión de nuestros familiares y esos amigos cercanos de mi padre que eran como sus hermanos que estaban dispuesto a darlo todo; tíos, primos, amigos, hermanas, sobrinos y vecinos también sentían su dolor por el temor de perder una persona tan valiosa como lo fue mi padre.

Cada uno vivía su propio dolor y su propio llanto, cada uno de ellos de una manera u otra se convirtió en aquella viga para que el edificio no colapsara y poder seguir luchando. (La unión hace la fuerza sin importar la situación en la que se encuentra, si tú eres el edificio y está a punto de colapsar no temas que pronto llegarán vigas de acero para poner en equilibrio tu edificio).

No existía la manera de cómo ayudar a mi padre, nunca me sentí tan inservible, de qué valía la pena haber estudiado una carrera de salud cuando no encontré la solución, aún para que su cautiverio no fuera tan agobiante, su lucha era muy sorprendente al ver cómo mi padre seguía en este mundo tan aferrado o tal vez no era el mundo si no nosotros: ¡Su familia!, de la cual jamás estuvo preparado para abandonarnos.

Él podía ser malgeniado, cascarrabias, con defectos y como todo ser humano, sin embargo su papel como padre ¡fue el mejor!, hizo un buen trabajo y sin contar como esposo la vida de reina que le brindó a mi madre, solo veía por el bienestar de su familia, no obstante fueron cambiando las cosas, no quería sentir mayor dolor en la despedida de sus seres queridos, mi padre empezó a evitar el contacto con nosotros, dejó de hablar cariñosamente, nos llamaba por los nombres en un tono muy serio, al sentir los pasos cuando nos dirigíamos hacia a su cuarto inmediatamente cerraba los ojos para eludir el vernos y le fuera más fácil su partida.

Una situación tan desconcertante tener que ver todos los días a sus amados hijos y su maravillosa esposa, saber que desde los malos hasta los buenos momentos, desde el llanto hasta la alegría no lo compartiría más con nosotros ya que el hizo fase de aceptación de su enfermedad y se entregó a la voluntad de Dios, fue tan difícil hablar de despedida cada mañana ya que en el transcurso del día mientras no estábamos con él no sabíamos si se mantenía con vida al regresar a casa, por lo tanto era muy desgarrador despedirnos como si el abrazo y el beso en la mejilla fuera el último, una situación que a diario me partió el corazón en dos.

Tener un padre y una madre por toda una eternidad, aun cuando ellos falten seguirán presentes con la esencia que han dejado en ti que eres su hijo y su vida, la luz serán esos padres que guiarán ese camino en el que nos encontraremos perdidos como en un laberinto, un regalo de Dios sin nada a cambio, ¡no son diamantes es algo mejor!, un regalo que no se reemplaza ni por el oro más caro del mundo pero solo se brinda una vez en la vida; las mejores oportunidades son las menos apreciadas, sin embargo en el momento en que esa oportunidad nos la arrebatan de las manos es ahí que le hallamos un real valor a ese regalo que nunca apreciamos.

Exactamente eso me había pasado, Dios como regalo me dio al mejor padre que no valoré lo suficiente y en el momento que sentí que me lo iban a despojar y su hora se acercaba empecé a valorar a ese padre al que una vez le alcancé a gritar como al tesoro más anhelado por un niño que no se quiere alejar de su padre, tenía que buscar soluciones para tener que remediar eso por un abrazo o un te quiero, no obstante ya era demasiado tarde el querer recuperar esos años perdidos.

Lo que aún me cuesta entender es por qué me costaba abrazarlo, acariciarlo y decirle un te quiero, si realmente el amor que le tengo es tan grande por la admiración que creó en mí. No sé si fue por pena o por orgullo, pero lo que sí sé es que no debo callar lo que siento más cuando mi corazón quiere hablar, mis sentimientos, fue esa verdad oculta mientras estuve preso de la libertad por un orgullo del que nunca me pude expresar.

POEMA 11

Una vida sin ti

No me puedo imaginar mi vida sin ti cuando eras tú el que
me haces feliz,
No puedo imaginar mi andar
si no haces parte de mi historia cuando fuiste tú el que
me enseñaste a caminar,
No me es fácil pensar
que en mis logros no vas a estar,
Cuando de niño apenas podía estar de pie te
encontrabas conmigo,
Mi viejo querido
siempre anhelé verte como un amigo,

Sin embargo la altivez me alejó de ti,
Y hoy me encuentro aquí aprisionado en mi cuarto,
Por un piélago de pensamientos
reprimiendo mis sentimientos,
Que al no dejarlos hablar fui preso de mi propio cautiverio…

CAPÍTULO XII

Martes 22 de septiembre de 2015, mi padre lleva mucho tiempo sin recibir alimento, lleva mucho tiempo postrado en la cama, ha bajado mucho de peso, su tono de voz es muy débil, es muy poco lo que habla y en momentos de repente por cada rincón de la casa se escuchan sus gritos pidiendo auxilio, que lo ayuden por favor mientras sus ojos los retuerce dejándolos en blanco, gastando las pocas fuerzas y soportando un dolor que solo él podía sentir, mis hermanos no soportaban verlo de esa manera, unos preferían no mirarlo, otros aunque nos causara mucho desosiego con un nudo en la garganta le apretamos sus manos o le acariciamos su cabeza, diciéndole tranquilo todo estará bien o muchas veces no había palabras para calmarlo, los ojos de mi madre cómo olvidarlos cristalizados queriendo llorar por ver el dolor de su amado y no poder hacer nada, y cuando no logra sobrellevar este desconsuelo sale del cuarto de mi padre para poder que su alma llore. Y yo me encuentro resquebrajado gimoteando lágrimas de dolor, un dolor que era inevitable sentir.

Acurrucándome entre las sábanas, dejando la almohada humedecida de tristeza, esperando poder despertar de una pesadilla en la que me encontraba como en un callejón largo y sin salida.

Una agonía que mi padre llevó durante cuatro días porque al día quinto, un viernes 25 de septiembre del 2015, mi padre no reacciona, su mirada se encuentra desviada, respira muy leve con un ronquido espeluznante, no responde a nada, no reconoce a nadie de su familia, por más que le habláramos quedábamos en duda si nos escuchaba, este día nos reunimos todas las personas a quienes mi padre ama y amará por siempre, eran las ocho de la noche, el médico Honcker había ordenado administrar un poco de analgésico pero no se trataba de cualquier analgésico, era morfina, y conociendo esto sabía que después de administrar el medicamento ya iba a ser cuestión de minutos que mi padre partiera al otro mundo, mi familia empezó una oración entre lágrimas despidiéndonos de un ser vivaz al que le gustaba cantar y manifestar alegría, un ser lleno de nobleza, admirado por todas las personas que lo conocían por su persistencia constante de lucha por tantos años de vida.

A las 9 de la noche, en medio de la oración, la enfermera me llama pidiendo el favor de si le puedo ayudar a acomodar la posición en la que se encontraba, teniendo la esperanza que su respiración mejoraría y dejara el ronquido, sin embargo al yo levantarlo noto que su piel torna a un color amarillento, sus ojos se pasman sin ningún fijamiento manifestando que ha partido al otro mundo, mi hermano Andrés al verme congelado y en shock lo agarró en sus brazos y de inmediato mi padre se empezó a retorcer (fue tan fuerte esa escena), yo solo veía cómo todos gritaban de dolor, un llanto insostenible de mis tías y demás familiares. No me había percatado que mi padre se encontraba dando un paso a un mundo mejor donde no sentirá más dolor, no olvidaré ese momento en que mi padre fallece en mis brazos, lo recuerdo día a día por más que quiero olvidar esa imagen de él; no puedo, se me hace imposible el no recordarlo. En un punto llegué a pensar que no me saldrían más lágrimas de tanto llorar, me convertí en un bebe difícil de consolar.

Me fue inevitable el contener mis lágrimas, y el llanto que desgarró mi alma en el frente de mi casa y debajo del palo de mango que el tanto disfruto, de inmediato se dan cuenta los vecinos que mi padre había fallecido, entre mi hermano y mi primo Christian trataron de tranquilizarme ya que por la alteración de mi presión podía causarme las convulsiones, dentro de lo posible respiré profundo al observar a mi madre con esos ojos de no asimilar que nuestro héroe ya había partido, me armé de fuerza para que reaccionara y ser el sostén de ella.

...Un día muy soleado para unos, quizás muy alegre para nosotros, el más triste, así fue el último adiós del día de su entierro el 27 de septiembre, lo despedimos con serenata ya que cantar era lo que más le gustaba hacer en vida...

POEMA 12

Mi ángel está de parranda

Desde lo más alto de los cielos

te encuentras tú en ellos,

Repartiendo sonrisa como lo solías hacer,

Si volviera a nacer te elegiría de nuevo a ti como al padre que
creyó en mí,

Como en un desierto perdido

es así como tu ausencia en mi dejas un

vacío, Mientras mis lágrimas

Se deslizan en medio de mi mejilla,

Pensar en ti me roba una grata sonrisa

han pasado tan solo unos meses

pero se han convertido en siglos sin

ti, Ahora que no estás aquí

me doy cuenta las veces en que te

fallé, Desearía tener un control

remoto para devolver el tiempo

y hacerlas desaparecer,

Son las millas de lo que me separan de tus abrazos,

En medio de mis sueños vive la ilusión de que sigo a tu lado,

Sueños tan reales que me hacen suspirar,

Y desaparece todo mal de soledad...

CAPÍTULO XIII

Después de que mi padre falleció nuestra casa tenía un silencio muy peculiar, un silencio que nos estremecía, yo solo pensaba qué iba a ser de nuestras vidas sin ese padre que nos dio alegría por muchos años, por una parte sentíamos paz en nuestros corazones porque mi padre ya no sentirá más dolor, no sentirá esa agonía a la que se encontraba sometido, mientras la conmiseración lo devastaba.

Ahora mi padre está en un mundo donde en el paraíso podrá seguir cantando sin dificultad de su voz, gritar a los mil vientos si lo desea, podrá caminar, correr sin que una trombosis se lo impida, conociéndolo pondrá el cielo de parranda, será ese ángel gozoso que se bailará hasta el último disco como lo solía hacer aquí en la tierra, este fue mi padre, una persona tan contagiosa de felicidad, tenía el don de hacer amigos en tan solo dos minutos, se hacía querer tanto que las personas quienes lo trataran le pedían su número, porque querían seguir en contacto con él y este fue el motivo real del por qué mi padre estuvo tan acompañado por tantas personas en sus últimos días.

Sin hablar del día de su velorio era tan gratificante escuchar todas esas historias de personas, de la imagen en la que tenían de mi padre, no había persona quien no lo quisiera. ¡QUÉ ADMIRABLE! En la entrada de la sala de velación no paraban de llegar ramos de flores, entraba uno tras otro con rosas alegres y hermosas resaltando la personalidad de mi héroe, de verdad es el primer velorio en el que veo tantas personas juntas en un solo lugar y queriendo tener esa atención tan especial con nosotros, por el hecho de que mi padre alguna vez fue muy especial con más de uno sin excepción, me han robado una sonrisa de oreja a oreja a pesar de que mis ojos se empañen de agua pero no son de tristeza ni de dolor esta vez, son lágrimas que me hacen sentir tan orgulloso por ese padre y ese héroe que Dios me brindó por 22 años de vida que tengo.

No me encontraba preparado para retomar mis clases universitarias, no tenía mente para concentrarme, aún así me propuse que por él debía terminar la carrera, porque su sueño era verme graduado, a nombre de él debía seguir adelante. Si el duró más de 10 años en una lucha por nosotros, ahora yo debía asumir el papel de guerrearla por sacar a mi futuro en adelante, sé que aunque él no esté presente desde lo más alto de los cielos él me estará guiando y así como me siento orgulloso de él anhelo que se sienta orgulloso de mí, lo amo tanto porque él me amó sin importar ninguna condición, no me molestó ser su enfermero, el que lo levantaba para llevarlo al baño, el que le administraba sus medicamentos, su chofer propio, nada de esto realmente me molestó.

Al contrario, pude remediar las cosas gracias a que tenía conocimientos que me permitieron acercarme a él y decirle que lo amaba, creo que fue la primera vez que se lo dije de una manera que realmente no me importaba nada, solo quería gritárselo. ¡Que lo amo y lo seguiré amando por siempre!

Si sientes la necesidad de decir un te quiero, dilo; si tus brazos quieren apretar fuertemente a esa persona que amas, no te cohíbas que en el momento en que lo hagas, sentirás tanto amor hacia ti que te dejará lleno y querer seguirlo haciendo, no valores las cosas cuando las pierdas es mejor perder el orgullo para valorar las cosas.

En las primeras semanas fueron demasiados los sueños que tuve con mi padre, quizás tal vez era él manifestando que no se ha ido y no lo hará, no estará en carne y hueso pero sí en nuestros corazones, por lo tanto sé que cada vez que necesite de mi padre, él me hablará por medio de mis sueños. Me encuentro muy ansioso esperando que la fecha de mi grado sea pronto, porque cada logro que dé en mi vida será en tu nombre, mi querido Rocco.

Mi homosexualidad y mi amor hacia mi padre se convirtieron en esa verdad oculta que me hizo preso de la libertad, por cohibirme y no expresar lo que siento; por no confiar en mis padres viví mucho tiempo encarcelado en mí mismo. Los padres te amarán siempre sin importar en la condición en que te encuentres, las mentiras solo traen problemas que perjudicarán la relación con las personas a las que les mientes y más si se tratan de tus familiares, el hablar siempre con la verdad fortalecerá la confianza y el amor hacia tus padres y hacia uno mismo, por más grave que sea tu mentira es mejor hablar desde la veracidad, quizás se enojen tus padres en su momento pero siéntete orgulloso de eso, es señal de que quieren lo mejor para ti y te aman, seguro buscarán la solución ante tu problema.

El barco no es arrastrado por el mar si tiene un ancla fuerte que lo sostenga, tú eres ese barco que necesitas de un ancla sin importar quién seas, tan solo necesitas de alguien que evite que aquel barco sea inundado...

Fin

POEMA 13

Eres mi fortaleza

No existen olas que me hagan caer,

No existen vientos que me arrastren hacia ellos, no hay
lugar alguno al que le pueda temer,
Porque mi héroe vuela entre los cielos,

Guiando cada pasó que doy

aunque pierda el equilibrio él será mi punto fijo,

No importa el destino a donde vaya siempre estarás

conmigo, Mi padre querido y mi héroe admirado

eres ese triunfo con el que había anhelado...

EN MEMORIA DE UN SUPERHÉROE SIN CAPA,

MI PADRE QUERIDO Y VALIENTE.

RODRIGO CONCHA SANDOVAL

Q.E.P.D.

(15/Nov./1953 - 25/Sept./2015)

BAÚL DE LOS RECUERDOS

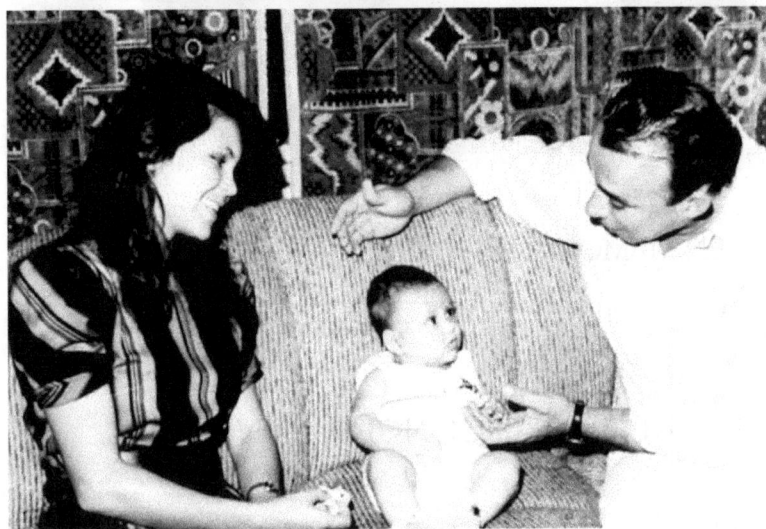

AGRADECIMIENTOS

Fueron días difíciles para nosotros los familiares,
gracias a cada persona por aportar un grano de arena,
por su apoyo incondicional y hacer de un velorio que
resplandeciera alegría y armonía,
en momentos de angustia como estos,
aparecen los familiares y amigos leales,
de parte de la familia CONCHA LONDOÑO
les agradecemos de corazón por un minuto de consuelo.

www.ingramcontent.com/pod-product-compliance
Lightning Source LLC
Chambersburg PA
CBHW052204090426
42741CB00010B/2405